Carola und Willi

Was sagt Carola,
wenn sie Willi nach den Ferien wiedertrifft?

Was sagt Willi,
als er Carola nach den Ferien endlich wiedersieht?

Geheimsprache

Als Carola und Willi sich endlich trafen,
begrüßten sie sich in ihrer Geheimsprache:

»I-le-fich bi-le-fin fro-le-foh!«
ruft Willi.
Sie können ihre Geheimsprache
ganz schnell sprechen.

»Ilefich aulefauch«,
antwortet Carola.

Carola und Willi sprachen lange miteinander.
Sie hatten viel zu besprechen.
Carola spricht mit Händen und Füßen.

Carola und Willi in den Ferien

Beide wandern und klettern gern.
Beide hören oft verrückte Musik und schmökern dabei.

Was Willi beim Schmökern gefunden hat:

Wenn Riesen niesen

Sieben Riesen,
die mit bloßen Füßen
über nasse Wiesen liefen,
niesten mit ihren Riesennasen so laut,
daß von diesem Riesenniesen
sieben Wieselkinder,
die in tiefen Zimmern schliefen,
aufwachten und »Gesundheit!« riefen.
Josef Guggenmos

Willis kleines Riesengedicht

Ein Riese
lag auf der Wiese
und sang die Weise
von seiner Riesenreise.

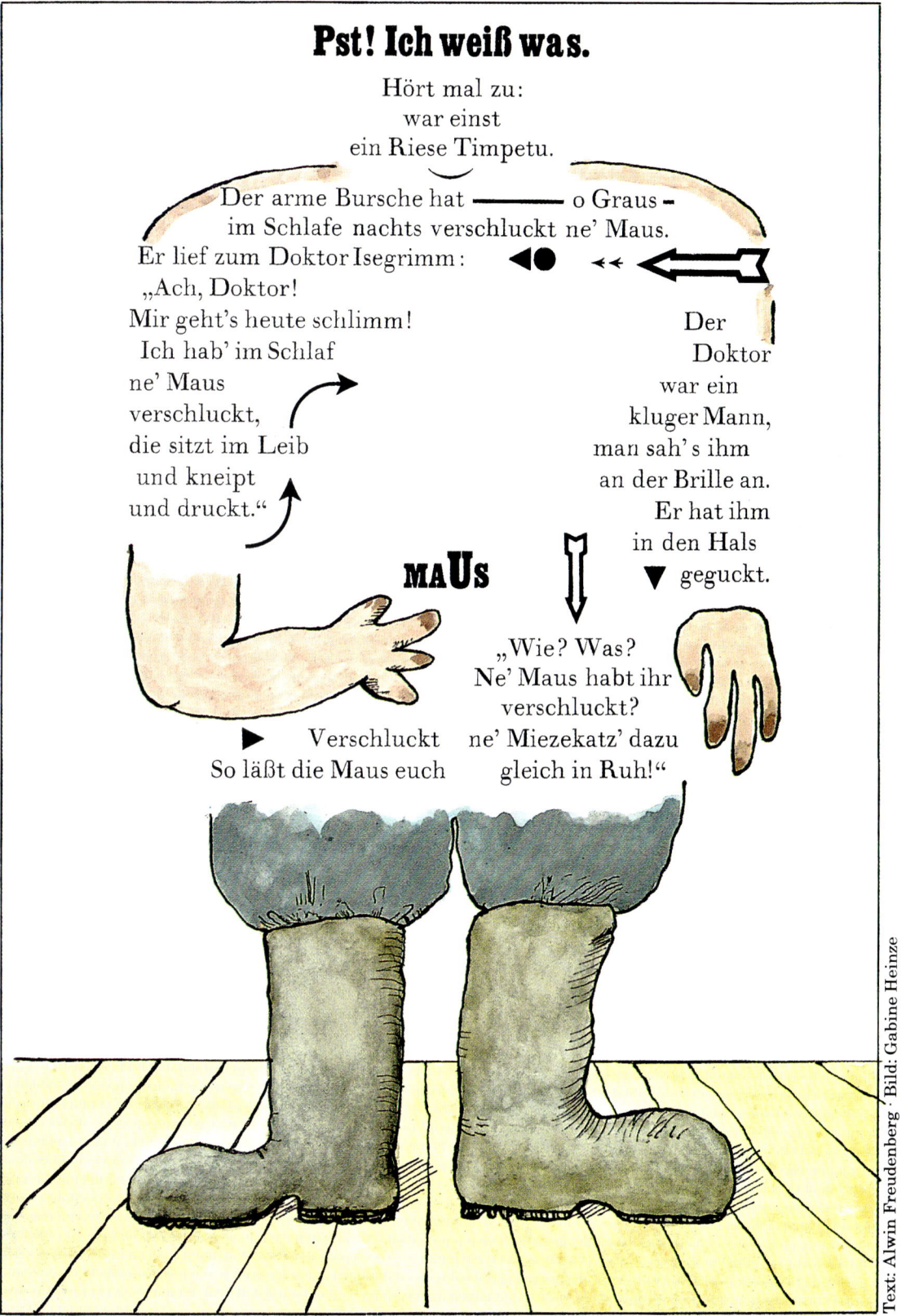

Was Carola beim Schmökern gefunden hat:

Kunterbunt

Ich soll euch was erzählen?
Gebt acht, so fängt es an:

Es war einmal ein schwarzer
kurzer runder bunter Mann,
der hatte schwarze kurze runde
bunte Hosen an.

Er war umgürtet mit einem Schwert
und saß auf einem schwarzen
kurzen runden bunten Pferd.

Er ritt durch die schwarzen
kurzen runden bunten Straßen,
wo die schwarzen kurzen runden
bunten Kinder saßen.

O ihr schwarzen kurzen runden
bunten Kinder geht hinweg,
daß euch mein schwarzes kurzes rundes
buntes Pferd nicht schlägt!

Nicht wahr, wie von dem schwarzen
kurzen runden bunten Mann
ich euch so schwarz, kurz, rund
und bunt erzählen kann?

Volksgut

Willi und Carola kennen viele Spiele:

Ballspiele, Kartenspiele, Ratespiele, Computerspiele.
Carola spielt gern Fußball.
Willi spielt am liebsten Federball.
Beide spielen gern Tischtennis.

Carola und Willi mögen auch Sprachspielereien.

Zwicke zwacke	zwicke zwase
in die Backe	in die Nase
zwicke zwals	zwicke...
in den Hals	

Jürgen Spohn

Aus Willis Reimereien:

Wer druckt, ist ein Drucker.
Wer spuckt, ist ein Spucker.
Wer zuckt, ist noch lange kein Zucker.

Versuche auch einmal, wie Willi zu reimen.

Wer geigt, ist ...
Wer schweigt, ...
Wer zeigt, ...

Anders sprechen als lesen

In den Ferien waren Carola und Willi weit gefahren.

Carola war an der See.
Die Sprache der Leute dort klang anders.

Sie sprechen **sp** und **st** anders.
Du hörst ganz deutlich ein **S**.
Sie sagen **s**-prechen .
Sie sagen auch: Ich habe mich
an einem **s**-pitzen **S**-tein ges-toßen.

Carola sprach ganz schnell:
Roland, der Riese am Rathaus zu Bremen,
s-teht er,
ein **S**-tandbild,
s-tandhaft und fest.

Verse für schnelles Sprechen: Schnell|sprech|verse

Schneiders Schere schneidet scharf.
Scharf schneidet Schneiders Schere.

Kleine Kinder können keine Kokosnüsse knacken.
Können kleine Kinder Kirschkerne knacken?
Keine Kinder können Kirschkerne knacken.

Zwischen zwei zischenden Schlangen ...

Willi war in den Bergen.

Die Sprache der Leute dort
klang für Willi ungewohnt.

Zuerst verstand Willi vieles nicht.
Onkel Sepp sagte zu ihm: »Deifi, i dich aa ned.«   Deifi = Teufel

Willi bat Onkel Sepp aufzuschreiben,
was er gesagt hatte.
Onkel Sepp schrieb: »Ich dich auch nicht.«

»Deifi« hatte er weggelassen.
»Des schreibn mir ned, des sagn mir.«

Willi verstand: »Das schreiben wir nicht, das sagen wir.«
Willi und Onkel Sepp hatten manchen Sprachspaß miteinander.

Willis Schnellsprechverse

Zehn Ziegen zogen
zehn Zentner Zucker zum Zoo.
Zwei Zebras zeigten
den zehn Ziegen im Zoo
die große Zoozuckerdose.

Carola an der See

Carola war im Sommer an der See.
Sie war an der Nordsee. Auf einer Insel.

Mit einem breiten Strand,
mit hellem Sand und vielen Strandkörben.
Dort fahren die Menschen nicht mit dem Auto.

Sie fahren mit dem Fahrrad. Ob groß oder klein.
Fast alle sind Radfahrer.
Manche fahren auch mit einem Fuhrwerk.
Und manche reiten.

Findest du noch mehr passende Wörter?

Carola fuhr mit dem Fahrrad zum Strand.
An einem Tag waren sie quer durch die Insel gefahren.

Kreuz und quer.
Hin und her.
Auf und ab.
Rauf und runter.

Willi im Gebirge

Willi war im Sommer in den Bergen.
Er fuhr diesmal nicht ins Riesengebirge.
Er war mit seinen Eltern in den Alpen.
Sie wohnten in einem Haus mitten im Wald.
Ringsum standen hohe Bäume, Tannen und Fichten.

Eine Drachengeschichte

Hoch oben im Gebirge auf dem Hexenberg
liegt die Teufelsburg.
Dort lebte einst der Raubritter Drachenfels.
Im Burgturm hielt er einen Drachen verborgen.
So erzählte man.
Mit ihm drohte er den Menschen.
Und aus Furcht gaben die Menschen dem Ritter,
was dieser verlangte.
Eines Tages stieg ein mutiges Mädchen in den Burgturm.
Nirgends fand sie die Spur von einem Drachen.
Als die Menschen dies erfuhren,
hatten sie keine Angst mehr vor dem Ritter.
Der traute sich bald nicht mehr aus der Burg,
und eines Tages war er ganz verschwunden.

Willis winzige unendliche Geistergeschichte

| Der Mond scheint über die Geisterberge. | Der Berggeist erwacht. | Er fliegt zur Geisterburg. | Dort tanzen die Burggeister. | In den Geisterbergen klingt's schauerlich. | Der Berggeist ... |

Wanderwörter und Klettersatz

Carola und Willi wandern gern.
Carola wanderte oft den Strand entlang.
Sie mag Strandwanderungen.

    Strand
    Strandwanderer
    Strandwanderweg
    Strandwanderwegschild
    Strandwanderwegschildermacher

Willi wanderte oft in den Bergen.
Er mag Bergwanderungen.

    Berg
    Bergwand
    Bergwanderer
    Bergwanderweg
    Bergwanderwegkarte
    Bergwanderwegkartentasche

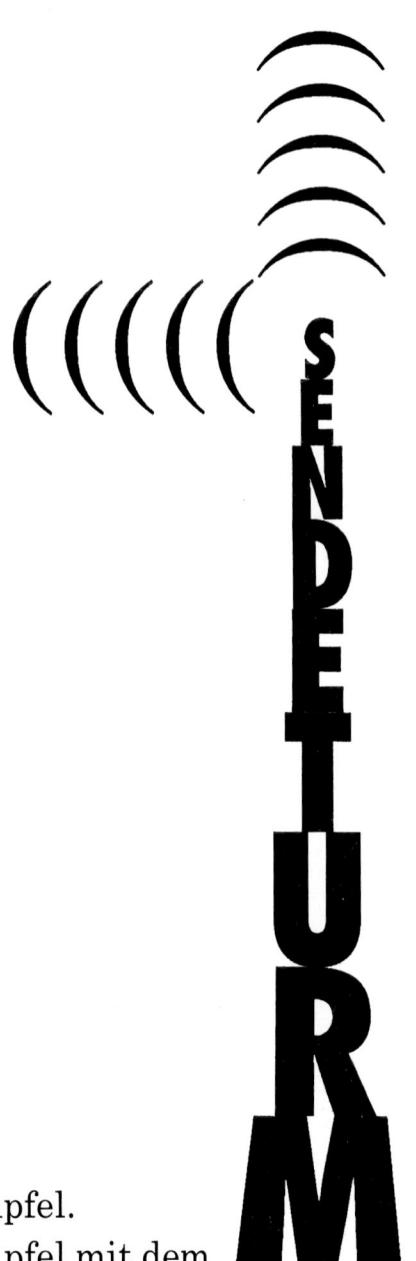

Willi kletterte.
Willi kletterte vorsichtig.
Willi kletterte vorsichtig über Geröll.
Willi kletterte vorsichtig über Geröll hinauf zum Gipfel.
Willi kletterte vorsichtig über Geröll hinauf zum Gipfel mit dem

Doch er hörte nur den Wind.
Sendepause, dachte Willi.

Stein und Muschel

Auf einer Wanderung im Gebirge
fand Willi einen besonders schönen Stein.
Den schenke ich Carola, dachte er.
Es war ein Bergkristall.
In der Sonne funkelte er in vielen Farben.
Wie ein Regenbogen.

Auf einer Wanderung am Strand
fand Carola eine besonders schöne Muschel.
Die schenke ich Willi, dachte sie.
Es war eine Perlmuschel.
In der Sonne schimmerte sie in vielen Farben.
Wie ein Regenbogen.

Kennst du's?

Von Muschel zu Muschel
lauter Getuschel,
lauter Gequassel,
lauter Schlamassel,
lauter Gequak -
und das jeden Tag!
          Otfried Pörsel

Feuer   Zauber
Mauer   Edel
Schmuck **STEIN** Hexen
Sand   Feld
Mühl   Fels

Willis Wasserspiele

Willi spielte oft an einem kleinen Bergbach.
Er staute das Wasser und baute auch einen Wasserfall.
Er warf kleine Holzstücke ins Wasser.
Er sah zu, wie das Wasser die Holzstücke tanzen ließ.

Der kleine Bach floß weiter unten in einen Teich.
In diesem Teich schwammen Forellen und Barsche.
Hier kann Fischers Fritz frische Fische fischen,
dachte Willi.

Willi baute ein Sprachspiel für Carola.
Er baute mit den fünf Buchstaben: E F I N R

Ob Carola Willis Einladung versteht?

Kauderwelsch und Wauderkelsch

Carola badete im Meer.
Sie sprang mit großem Vergnügen in die Wellen.
Sie sammelte Muscheln und Steine
und sprach nur noch Kauderwelsch.

»Ich sammle Stuscheln und Meine.«

Carola baute eine Sandburg.

»Eine Bandsurg mit wunderschönen Tenstern und Füren«,
hieß es in ihrem Wauderkelsch.

»Eine schunderwöne Bandsurg
für Warola und Cilli«.

Dann legte sie sich in die Sonne
und träumte.
In Kauderwelsch:
Sie lag in der Tronne und säumte.

Was Carola träumte

In ihrem Traum ritt eine Nixe auf den Wellen
und landete auf einer Insel.
Dort traf sie einen Zauberer.
Der schrie wie verrückt:

»Simsalabim. Nixnuxnax.
Zaubern ist ein Klacks.
Punkt, Komma, Klecks und Strich.
Ich verzaubere dich.«

Doch die Nixe lachte nur ...

Da schwappte Wasser über Carolas Füße.
Sie erwachte.

Nun überlegt Carola schon die ganze Zeit,
wie ihre Geschichte weitergegangen wäre.

Dafür braucht man Zaubersprüche.

Willi weiß bestimmt welche:

Simsalabim, simsalabum,
wer nicht zaubern kann, ist dumm.
Nixnuxnas,
zaubern ist ein Sp...
Nixnuxnus,
mit dem Zaubern ist nie Sch...